BEI GRIN MACHT SICH IHR
WISSEN BEZAHLT

AF151446

- Wir veröffentlichen Ihre Hausarbeit,
  Bachelor- und Masterarbeit

- Ihr eigenes eBook und Buch -
  weltweit in allen wichtigen Shops

- Verdienen Sie an jedem Verkauf

Jetzt bei www.GRIN.com hochladen
und kostenlos publizieren

Eva Maier

Stress im Erzieherberuf – gibt es das?

Stress im Umgang mit Kindern, Methoden des Stressabbaus für Erzieher(innen) und die praktische Umsetzung

GRIN Verlag

Bibliografische Information der Deutschen Nationalbibliothek:

Die Deutsche Bibliothek verzeichnet diese Publikation in der Deutschen National-
bibliografie; detaillierte bibliografische Daten sind im Internet über http://dnb.d-
nb.de/ abrufbar.

Impressum:

Copyright © 2013 GRIN Verlag, Open Publishing GmbH
Druck und Bindung: Books on Demand GmbH, Norderstedt Germany
ISBN: 978-3-656-61733-4

Dieses Buch bei GRIN:

http://www.grin.com/de/e-book/270360/stress-im-erzieherberuf-gibt-es-das

Facharbeit

Stress im Erzieherberuf – gibt es das?
Umgang und Methoden des Stressabbaus für
Erzieherinnen und Erzieher und die
praktische Umsetzung im Berufsalltag

27.09.2013

Eva Maier

Schule xxx

Klasse xxx

Lehrer xxx

Abkürzungsverzeichnung

bzw.	beziehungsweise
Dr.	Doktor
ggf.	gegebenfalls
o.A.	ohne Autor
o.J.	ohne Jahr
o.O.	ohne Ort
usw.	und so weiter

1. Einleitung

Stress gehört zum Erzieheralltag. Meistens fängt der Stress mit einfachen Sachen, bereits früh am Morgen an. Alltägliche Situationen wie weinende Kinder, eine Mutter, die in der Tür steht und noch zur Arbeit muss oder das andauernd klingelnde Telefon erzeugen Stress. Hält der Stress auf Dauer an, wird ein Erzieher dadurch gereizt, depressiv, unkonzentriert, bekommt Kopf- und Rückenschmerzen und das kann zu einem Burnout führen. Zu der Aufgabe eines Erziehers gehört auch die Gesundheitsförderung der Kinder. Sind aber gestresste Erzieher in der Lage diese Aufgabe zu erfüllen? Experten empfehlen den Erzieher auf ihre eigene körperliche und seelische Gesundheit zu achten, um ihre gesundheitliche Vorbildfunktion wahrnehmen zu können. Da nur zufriedene, körperlich und seelische gesunde Erzieher zu der psycho-physischer Gesundheit der Kinder beitragen können.[1]

Es liegt in den persönlichen Interessen eines Erziehers mit den Umgang und Abbau von Stress richtig umzugehen. Ziel ist es bereits vorhandene Methoden aufzuzeigen, sowie die mögliche Umsetzung in der Praxis vorzustellen. Folgende Frage wird hierbei untersucht: „Ist es möglich, mit einfachen Mitteln den Stress eigenständig abzubauen oder benötigt man die Hilfe eines Experten?"

Zwei Möglichkeiten werden näher betrachtet. Zum einen die Beseitigung der eigentlichen Stressursache, indem man die Gründe für Stress herausfindet und bekämpft. Zum anderen die Möglichkeit des Stressabbaus und die Findung von wirksamen Antistressmitteln.

Dieses Thema Stress im Erzieherberuf ist ein aktuelles Thema, da auf Grund des neuen Gesetzes, in dem jedes Kind einen Anspruch auf einen Kindergartenplatz hat, die Kindergärten dadurch noch voller werden und die Belastung an die Erzieher weiter ansteigt.

---

[1] (Bründel 2009)

2. Stress

2.1 Begriffserklärung

Der Begriff Stress kommt aus dem lateinischen und bedeutet „Enge". In der englischen Sprache wird Stress als „äußere Not" bezeichnet[2]. Stress tritt bei unterschiedlichen Lebenssituationen auf. Dazu gehören unter anderen der Zeitdruck, die Sorge eine Aufgabe nicht erfüllen zu können, Unruhe wegen ungelösten Problemen, ein Konflikt der uns persönlich angreift, Probleme im Beruf oder eine ungewisse Zukunft.

2.2 Stressursachen im Erzieherberuf

Es gibt viele Stressfaktoren die Einfluss auf den Erzieherberuf haben. Dazu zählen Faktoren wie:

- Unangemessene Räume: zu voll, zu eng…
- Zu viel Lärm
- Zu viele Kinder in der Gruppe
- Zu viele Arbeitsaufgaben, Überförderung, Überlastung
- Erwartungsdruck von außen, eigener Anspruch
- Monotonie, Langeweile
- Zu wenig Pausen
- Zu wenig Anerkennung, Lob, Bestätigung
- Zu wenig Bewegung
- Falsche Ernährung
- Pessimismus
- Zu viel Ernsthaftigkeit
- Schlechte Laune, schlechte Stimmung
- Nichteinhaltung von Absprachen im Team
- Ungelöste Konflikte im Team
- Gehäufte Konflikte mit Eltern
- Ärger mit dem Träger
- Keine Zukunftsperspektive [3]

---

[2] (Steinbach 2004)

Die häufigsten Stressursachen für andauernden Stress sind laut Umfragen viel Lärm, wenig Pausen und mangelnde Bewegung. [3]

3. Stressursachen entgegenwirken

3.1 Lärm

Lärm hat viele negative Auswirkungen. Eine normale Kommunikation ist bei Lärm nicht möglich. Das Konzentrationsvermögen nimmt stark ab. Messungen haben gezeigt, dass der durchschnittlich gemessene Lärm im Kindergarten zwar keine dauerhaften Gehörschäden verursacht, aber Auswirkungen auf das Immunsystem und die hormonellen Funktionen des Menschen haben. Der Körper produziert dadurch Stresshormone wie Adrenalin und Cortisol. [4]

Die Methode den Stress, der durch Lärm verursacht wird abzubauen bzw. zu reduzieren, ist den Lärmpegel zu senken. Ein großer Lärmfaktor sind die Kinder. Aus Erfahrung hilft es nicht, den Kindern zu sagen, dass sie leiser sein sollen. Eine Lärmampel kann helfen die Kinder zu beruhigen. Da die Kinder selber sehen können, wenn es zu laut wird. Weitere Lärmquellen können externe laute Geräusche von außen sein oder laute elektronische Spielzeuge sein. Ein Erzieher kann die Leiterin auf die großen Lärmquellen hinweisen und gemeinsam zum Träger gehen. Der Träger kann über bessere schalldichtere Räume entscheiden. Falls der Träger gegen die Vorschläge sein sollte, kann man versuchen Eltern, die sich immer sehr engagiert für eine Sache einsetzen auf seine Seite zu bekommen, damit sie sich beispielsweise für Verbesserungen der Räumlichkeiten einsetzen. Diese Methode der Lärmreduzierung hilft die Stressursache zu beseitigen.

3.2 Konflikte im Team

Andauernde Meinungsverschiedenheiten und Konflikte im Team können ebenfalls eine Stressursache sein. Die Möglichkeit den Stress, der hierdurch entsteht zu verringern oder zu beseitigen ist, dass man versucht durch Gespräche die Konflikte zu lösen. Konflikte können mit Hilfe eines Team Buchs gelöst werden. Die Stärken jeder Erzieherin werden in das Buch geschrieben. Jede Kollegin kann beispielsweise

---

[3] (Greine 2009)
[4] (Lärmprävention in Kindertageseinrichtungen, 2007)

die Sachen, die sie an den anderen Kollegen wertschätzt reinschreiben. Das stärkt den Zusammenhalt im Team. Die Wertschätzung und Anerkennung erzeugen positive Gefühle. Dadurch sehen die Erzieher die positiven Sachen der anderen Kollegen und entwickeln ein besseres Verständnis für die Person. Aufgaben können nach den Stärken der einzelnen Erzieher verteilt werden. Gemeinsam kann ein Ziel verfolgt werden. Gemeinsam kann ein Ziel verfolgt werden. Die gemeinsame Zielverfolgung reduziert das Konfliktpotenzial. Greine beschreibt im Magazin „Kindergarten Heute" eine ähnliche Methode mit Hilfe einer „Team Power Wand" [5]

3.3 Konflikte mit den Eltern

Ähnlich wie bei Konflikten im Team können Konflikte mit den Eltern für einen Erzieher eine Stressursache sein. Ein klärendes Gespräch mit den Eltern und somit die Lösung des Konflikts beseitigt diese Stressursache. Manche Erzieher versuchen den Eltern eher aus dem Weg zu gehen, weil sie Angst vor einer Begegnung und einem Gespräch haben. Gründe hierfür können mangelnde Erfahrung und Unsicherheit der jungen Erzieher sein. Mit der richtigen Gesprächsvorbereitung und dem richtigen Umgang mit den Eltern kann man die Angst vor einer Konfrontation überwinden. Lauten und hysterischen Eltern sollte man klar machen, welcher Umgangston in der Einrichtung erwünscht wird. Eltern, die sehr zurückhaltend sind und sich bei Aktivitäten in der Kindertageseinrichtung nicht beteiligen sorgen für Konfliktpotenzial. Es entstehen Konflikte zwischen engagierten Eltern, der Erzieher und den zurückhaltenden Eltern. Mit solchen Eltern sollte der Erzieher ein Gespräch führen und versuchen das Vertrauen der Eltern zu gewinnen. Nachdem der Erzieher das Vertrauen der Eltern gewonnen hat, können die Eltern bei Aktivitäten in der Einrichtung miteinbezogen werden. In der Praxis kann man diese Eltern um ihre Unterstützung bei einem Kindergartenfest bitten.

3.4 Impfungen

Erzieher haben einen engen Kontakt zu den Kindern. Dadurch können ansteckende Krankheiten übertragen werden. Wenn man sich ansteckt und körperlich geschwächt ist, fühlt man sich bedrückt oder schlecht gelaunt. Deshalb ist es ratsam, wenn

---

[5] (Greine 2009)

Erzieher sich impfen lassen, um Krankheiten wie Mumps, Masern, Röteln, Tetanus oder ggf. gegen Hepatitis A. [6]

4. Stressabbau im Berufsalltag

4.1 Entspannen

Es gibt viele unterschiedliche Entspannungsmethoden. Jeder sollte für sich selbst ausprobieren, welche Entspannungsmethode für ihn am besten geeignet ist. Folgende Entspannungstechniken können angewendet werden:

4.1.1 Singen

Musik dient der Entspannung auf unterschiedlichen Arten. Gemeinsam mit den Kindern kann ein Erzieher singen. Forscher der Johann-Wolfgang-Goethe-Universität in Frankfurt/M fanden in einem Pilotprojekt mit 8 Männern und 23 Frauen heraus, dass durch das Singen das Stresshormon Cortisol abgebaut wird und das eigene Immunsystem gestärkt wird[7]. Zusätzlich werden viele Gesichtsmuskeln angeregt und dadurch entspannt. Die Lockerungsübungen, wie das Beine und Arme durchschütteln, Unterkiefer lockern, Klopfübungen oder Zunge und Atmung aktivieren, vor dem Singen, haben ebenfalls eine positive Wirkung. Im Berufsalltag eines Erziehers lässt sich das Singen mit allen dazugehörigen Lockerungsübungen gut umsetzen. Im Stuhlkreis, vor dem Essen, vor dem Aufräumen/ nach Hause gehen oder zur Beruhigung eines Kindes kann gemeinsam gesungen werden.

4.1.2 Atemübungen

Atemübungen dienen der Entspannung. Dr. Dietmar Pfennighaus, der seit vielen Jahren im Bereich der Stressbewältigung und Burnout tätig ist, empfiehlt den Atem sichtbar zu machen[8]. So kann man sich vor dem inneren Auge vorstellen, man sei eine wunderschöne Blume und die Blüten werden langsam vom Wind beweget. Die Sonne wärmt dich, dir wird warm und du bekommst Kraft zum Wachsen. Während diesen Gedanken soll man ruhig und entspannt atmen. Eine ähnliche Methode kombiniert mit Körperentspannungsübungen schlagen die Autoren der Dorling Kindersley Praxis vor. Dabei beschreiben sie eine weiße Rose auf schwarzem Hintergrund, welche man sich vor dem inneren Auge sichtbar machen soll und einen

---

[6] (Kunz, o.J.)
[7] (Die Welt online, 2007)
[8] (Dr. Dietmar Pfennighaus, 2004)

beliebigen „friedvollen" Gegenstand auf schwarzem Hintergrund.[9] Beim Selbstversuch hat sich die Übung von Dr. Pfenninghaus als die bessere erwiesen. Da man sich die Bilder leichter vorstellen kann und die Übung als angenehmer empfunden wurde. Jede Person kann selbst entscheiden welche Übung einem besser liegt. Die Atemübungen lassen sich gut während den Pausen durchführen. Diese Atemübungen lassen sich auch gut mit den Kindern durchführen.

4.2 Bewegung

Ein Spaziergang versorgt das Gehirn mit zusätzlichem Sauerstoff. Der Sauerstoff ist sehr wichtig für die Konzentration. Beim Spaziergang sollte man auf die Geräusche der Umgebung achten. Das Hören von Vögeln, Wind, Blätterrauschen, Regen oder den eigenen Atem hat eine beruhigende Wirkung. Die Gedanken können sich frei entfalten. Die Umgebung sollte ruhig sein, da ein Spaziergang neben einer Schnellstraße und viel Verkehr nicht entspannend ist, weil es zu laut sein kann. Falls der Arbeitsplatz nicht allzu weit von zu Hause entfernt ist, kann man gelegentlich auf den Bus oder das Auto verzichten und entspannt zum Arbeitsplatz laufen. Ein kurzer Spaziergang lässt sich auch während der Mittagspause durchführen. Gemeinsam mit den Kindern kann man spazieren gehen, allerdings werden beim gemeinsamen Spaziergang die Geräusche der Umgebung nicht so intensiv wahrgenommen.

Die Erzieherin sollte ein glaubwürdiges Bewegungsvorbild für die Kinder sein. Übungen zur Stärkung der Muskeln und Rücken sind gut zur Vorbeuge gegen Rücken, Nacken, Schulterbeschwerden bzw. der Muskelverspannungen. In einem Spiel lassen sich diese Übungen kombinieren und sind im Kindergartenalltag gut mit Kindern durchführbar. [10]

4.3 Positive Emotionen schaffen

Das menschliche Gehirn kann immer nur in eine Richtung denken. Deshalb ist es sehr wichtig positiv zu denken. [11] Kleine Belohnungen wie eine Tafel Schokolade oder der Genuss von einem heißen aromatischen Kaffee während der Pause lenkt von negativen Gedanken ab. Das planen oder die Vorfreude auf positive bevorstehende Ereignisse erzeugt positive Gefühle, die beim Menschen gute Laune auslösen. Gut gelaunte Menschen sind seltener gestresst. Die Wertschätzung von anderen Kollegen oder ein Lob von einem Vorgesetzten bewirkt positive Emotionen.

---

[9] (Dorling Kindersley Praxis, 2000)
[10] (Kunz, o.J.)
[11] (Schonert-Hirz, o.J.)

Dies motiviert den Erzieher und negative Gedanken werden erstmal vergessen und das Gehirn konzentriert sich auf das Positive.

Alle Entspannungsmethoden dienen dazu mal abzuschalten und sich vom Stress abzulenken. Jede dieser Methoden kann ein Erzieher in der Mittagspause selbständig durchführen.

5. Selbstkontrolle

Oft tritt der Fall auf, dass ein Kind jeden Morgen sehr laut ist oder andere Kinder ärgert und dadurch die Erzieherin jedesmal eingreifen muss. Eine solche Situation stört den Erzieher, da sie oft selber sehr laut werden müssen. Um Stress zu vermeiden hilft ein tiefes Durchatmen und ein persönliches Gespräch mit dem Kind. Vielleicht sucht das Kind die Aufmerksamkeit des Erziehers, weil es zu Hause zu wenig Aufmerksamkeit bekommt. Der Erzieher sollte sich auf keinen Fall aufgrund der entstandenen Stresssituation im Ton vergreifen. Ein Stresstagebuch hilft bei der Stressbekämpfung. Die Ereignisse des Tages werden aufgeschrieben und anhand eines Punktesystems bewertet. Das Punktsystem bewertet die Zufriedenheit des eigenen Handelns. Aufgetretene Erfolge werden ebenfalls notiert. Die eingesetzten Stressabbaumethoden bei Stresssituationen und das angestrebte Ziel wird auch in das Stresstagebuch geschrieben. Am Ende der Woche wird überprüft, ob die eingesetzten Stresstechniken hilfreich für sich selbst waren und ob die sich selbst gesetzten Ziele erreicht wurden. Bei Erfolg können weitere Ziele gesetzt werden. Bei Misserfolg sollte man die Methoden und deren Umsetzung in der Praxis überprüfen. [12]

Im Anhang befindet sich ein Beispiel für ein Stresstagebuch. Das Tagebuch beinhaltet selbstausgedachte Fallbeispiele.

6. Das Problem „Dauerstress"

Ausreichend Schlaf und die richtige Ernährung ist die Basis für einen gesunden Geist, der Stressresistent ist. Dazu gehört auch der Verzicht auf hohen

---

[12] (Dorling Kindersley Praxis, 2000)

Alkoholkonsum oder Drogen. Menschen, die diese Grundvoraussetzung nicht erfüllen, werden Schwierigkeiten haben den Stress abzubauen. Folglich kommt es zu Dauerstress, der der menschlichen Gesundheit schadet. Die Folgen sind seelische und körperliche Probleme. Die Liste der körperlichen Folgen ist lang, hierzu gehören unter anderen Herzprobleme, Stoffwechselerkrankungen oder Auswirkungen auf jedes andere Organ. Depressionen oder Erschöpfungszustände gehören zu den seelischen Problemen. Die Konzentrationsfähigkeit, Lernfähigkeit und Aufmerksamkeit wird ebenfalls beeinträchtigt [13]. In diesem Fall benötigt man die Hilfe eines Experten, um mögliche Langzeitschäden zu vermeiden.

7. Schlussfolgerung

Stress ist im Erzieheralltag ist wie auch im normalen Berufsalltag allgegenwertig. Es gibt viele unterschiedliche Stressbewältigungstechniken, die helfen den Stress abzubauen. Jeder Mensch sollte seine passende Stressabbaumethode herausfinden. Die Kenntnis der Stressursache ist sehr wichtig, da nur so der Stress komplett beseitigt werden kann. Der richtige Lebensstil, unabhängig vom Berufsalltag, hilft Stress abzubauen. Wird Stress zu einem Dauerstand, ist es ratsam die Hilfe von anderen Personen anzunehmen. Im Erzieheralltag ist ein persönliches Gespräch mit der Leiterin, dem Träger oder der Kollegin über die eigenen Probleme möglich. In schlimmeren Fällen kann nur ein psychologischer Experte weiterhelfen. Für richtiges und kompetentes Handel ist die Selbstkontrolle im Erzieherberuf sehr wichtig, um zu vermeiden, dass bei Stresssituationen emotional gehandelt wird und den Stress an den Kindern auslasst.

Die praktische Umsetzung im Berufsalltag der Stressabbau Methoden ist möglich. Viele der Entspannungsmethoden können in der Mittagspause angewendet werden. Andere Methoden wie das Singen lassen sich gut im Erzieheralltag gemeinsam mit den Kindern oder Jugendlichen anwenden.

---

[13] (Dr. Thomas Hartl, 2011)

Literaturverzeichnis

B:

BRÜNDEL, Heidrun: „Gesundheit! Teil 2: So kann die KiTa Gesundheit fördern" in 'kindergarten heute', Ausgabe 2/2009, Verlag Herder, Freiburg 2009

D:

Die Welt online (Meldung vom 21.06.2007): „Warum Singen die Gesundheit stärkt", URL: http://www.welt.de/wissenschaft/article962514/Warum-Singen-die-Gesundheit-staerkt.html, o.O., Stand: 01.09.2013

DR. PFENNIGHAUS, Dietmar: „Einfach entspannen. So fühlt sich das Leben leichter an", GRÄFE UND UNZER Verlag GmbH, Auflage 2, München. 2004.

DR. HARTL, Thomas (März 2011): „Dauerstress und seine Folgen" , URL: http://www.forumgesundheit.at/portal27/portal/forumgesundheitportal/channel_content/cms Window?p_pubid=647302&action=2&p_menuid=63343&p_tabid=3, o.O., Stand: 02.09.2013

Dorling Kindersley Praxis: „Stress: Erkennen-Vorbeugen-Heilen" , Dorling Kindersley Verlag GmbH, München 2000

G:

GREINE, Rita: „Sorgen Sie für sich selbst!" in 'kindergarten heute', Ausgabe 2/2009, Verlag Herder, Freiburg 2009

K:

KUNZ, Torsten: „Gesundheit in Kindertageseinrichtungen" in Kindergartenpädagogik – Online Handbuch – URL: http://www.kindergartenpaedagogik.de/1556.html, o.O., Stand: 02.09.2013

S:

SCHONERT-HIRZ, Sabine: „Meine Stressbalance – Rezepte für Vielbeschäftigte von Dr. Stress", Campus Verlag GmbH, Frankfurt am Main 2006

sichere-kita.de (1. Auflage April 2007): „Lärmprävention in Kindertageseinrichtungen" URL: http://www.sichere-kita.de/_docs/pdf/laermpraevention.pdf, Köln, Stand 29.08.2013

STEINBACH, Herlinde: „Gesundheitsförderung, ein Lehrbuch für Pflege- und Gesundheitsberufe", Facultas Verlags- und Buchhandels AG, Wien 2004

Stresstagebuch

Datum	Aufgetretene Situation	Mein Handeln	Reaktion?	Änderungsvorschlag	Zufriedenheit des eigenen Handelns? (0-10P)
01.07.2013	Tobias und Daniel haben sich heute wieder gestritten und sich geschlagen, während wir draußen waren	Ich wurde laut und habe gesagt sie dürfen sich nicht schlagen!	Nachdem ich laut wurde, hat Daniel geweint. Danach haben sie sich aber nicht mehr geschlagen	Nicht laut werden und den Kindern sagen, dass es im Kindergarten Regeln gibt	3
02.07.2013	Meine Kollegin hat vergessen Christine die Matschhose anzuziehen. Christines Mutter hat mich beschuldigt. Da Christine schmutzig und nass war.	Ich habe ihr meine Meinung gesagt!	Die Mutter ist mit Christine verärgert nach Hause gegangen	Sich für den Vorfall entschuldigen. Der Mutter sagen, dass es nicht dein Fehler war, aber das ich die anderen Kollegen darauf ansprechen werde	2
03.07.2013	Christines Mutter hat die Leiterin angerufen und sich über mich beschwert.	Ich habe eingesehen, dass ich mich gegenüber der Mutter falsch verhalten habe.	Die Leiterin hat mich darauf hingewiesen auf meine Emotionen zu achten und dass alle Erzieherinnen darauf achten sollen, ob alle Kinder die Matschhose angezogen haben, bevor sie in den Garten gehen.	Mein Handeln war in Ordnung	9
04.07.2013	-	-	-	-	-
05.07.2013	Die Praktikantin hat zu schlecht gekehrt.	Die Praktikantin ist schon nach Hause gegangen und ich musste kehren.	Ich war ich den restlichen Tag sehr schlecht gelaunt.	Einsehen, dass Fehler passieren und das nächste mal die Praktikantin darauf ansprechen	4
Ziele	Einen besseren Zugang zu den Kindern finden. Nicht immer gleich laut werden.